Dr. Albert van Kampen

Taschenatlas der alten Welt

Dr. Albert van Kampen

Taschenatlas der alten Welt

ISBN/EAN: 9783743475694

Hergestellt in Europa, USA, Kanada, Australien, Japan

Cover: Foto ©ninafisch / pixelio.de

Weitere Bücher finden Sie auf **www.hansebooks.com**

Justus Perthes'

ATLAS ANTIQUUS.

Taschen-Atlas

der

ALTEN WELT

von

Dr. Alb. van Kampen.

24 kolorierte Karten in Kupferstich

mit Namenverzeichnis.

Vierte Auflage.

GOTHA: JUSTUS PERTHES.

Index tabularum.

Vorwort zur ersten Auflage.

Bei der außerordentlichen Anerkennung und weiten Verbreitung, die *Justus Perthes' Taschen-Atlas* nicht nur in vielen Schulen, in der Hand des Lehrers wie des Schülers, sondern bei allen Gebildeten gefunden hat, lag der Gedanke nahe, ein ähnliches handliches Hilfsmittel auch für das Gebiet der Geschichte, und zwar zunächst der alten, zu schaffen.

Es wird daher hiermit eine Reihe Karten zur alten Geographie geboten, wie sie in solcher Vollzähligkeit und in gleich klarer, eleganter Ausführung durch Kupferdruck und Handkolorit zu so billigem Preise bisher noch nicht bestand. Die bedeutende Reichhaltigkeit des Inhaltes aber, die keineswegs die Übersicht beeinträchtigt, geht am besten aus dem beigegebenen Namenverzeichnis hervor, welches nicht weniger als 7000 Namen enthält.

Leider war es dem Bearbeiter des kleinen Werkes *Prof. Dr. A. van Kampen* nicht vergönnt, dessen Fertigstellung mitzuerleben; bei seinem im vorigen Jahre erfolgten frühen Tode lagen zwar sämtliche Kartenblätter im Stich schon weit fortgeschritten vor, doch war noch für alle eine genaue Korrektur und besonders die Anfertigung des Namenverzeichnisses zu besorgen. Dieser Arbeit unterzog sich nach ergangener Aufforderung der Verlagsanstalt der Unterzeichnete, ein dankbarer Schüler und treuergebener Kollege des verstorbenen Verfassers, gern.

Die Korrektur bezog sich notwendigerweise nur auf Beseitigung fehlerhafter Namen und hier und da, wo es der Raum gestattete, auf Hinzufügung einiger aus historischen Gründen wichtiger Grenzbezeichnungen. Für die Aufstellung der einzelnen Karten, den Maßstab und die Auswahl des Stoffes ist der Unterzeichnete also nicht verantwortlich. Die Leichtigkeit des Auffindens soll das Namenverzeichnis fördern, das jeden auf der Karte eingezeichneten Namen mit Angabe der Kartennummer und des Feldes, in dem er zu suchen ist, enthält. Bei Namen *derselben* Örtlichkeit, die sich auf mehreren Karten wiederholen, ist in der Regel nur auf die in größerem Maßstabe gehaltene verwiesen. Den einzelnen Namen ist außer den unten angegebenen abgekürzten Erklärungen noch der Name der Landschaft hinzugefügt, in welcher der betreffende Ort oder Fluss u. s. w. sich befindet, ein Verfahren, das namentlich bei den nicht wenigen gleichen Bezeichnungen verschiedener Örtlichkeiten das Finden der gerade gewünschten wesentlich erleichtert. Am Schlusse sind noch die von van Kampen auf der Tabula Peutingeriana ausgewählten Namen alphabetisch aufgezählt, und zwar in der Orthographie und (nach dem Vorschlage K. Millers, Die Weltkarte des Castorius, Text p. 103) auch im Kasus der Tabula, da die Nominativform oft zweifelhaft ist, in vielen Fällen in der Volkssprache überhaupt nicht existiert hat.

Möge sich der kleine Atlas antiquus in weiten Kreisen viele Freunde erwerben!

Gotha, Oktober 1892.

Dr. Max Schneider.

Abkürzungen.

aest. = aestuarium.
camp = campus
fl. = fluvius
fr = fretum.
ins. = insula.
lac. = lacus.
m. = mons
mo. = montes.

mon. = monumentum.
op. = oppidum
paenins = paeninsula.
pal = palus.
pop. = populus.
pr. = promontorium.
prov = provincia.
rg. = regio.

riv. = rivus.
sin = sinus.
templ = templum.

cf. = confer.
p. = prope.
s. = sive.

A.

C.

Cnossus op. Cret. 9 H, 12 D 8
Cocala op. Gedros. Ind. 9 G 4
Coccium op. Brit. 20 E 4
Cochaba op. Syr. 4 D 9
Cocosa op. Gall. Aquit. 19 C 4/5
Cocosates pop. Gall. Aquit. 19 C 4/5
Cocusum op. Cappad. 7 F 3
Cocynthum pr. Brutt. 14 C 3
Codanus sin. Germ. 21 D 1
Coele demos Attic. 22 C
Coelesyria rg. Syr. Arab. 4 C/D 1/2, 7 F/G 5/6
Coeletae pop. Thrac. 10 D 3
Coenyra op. Thasi ins. 12 C 1
Cogamus fl. Lyd. 12 G 3
Coistoboci pop. Sarm. 21 I 4
Colchi op. Ind. 9 C 9
Colchicus sin. Ind. 9 C 8
Colchis rg. As. 7 H 1; 10 M 3
Collatia op. Apul. 13 D 2
Collatia op. Lat. 15 A 2
Collippo op. Hisp. Lus. 17 A 2
Collis hortorum Rom. 23 rg. VII
Collis Quirinalis Rom. 23 rg. VI
Collis Viminalis Rom. 23 IV. VI
Collytus demos Attic. 23 A/B
Coloë s. Pseboa ins. Aeth. 3 ④; 5 F 6
Colonia Agrippina op. Germ. Inf. 21 B 3
Colonides op. Messen. 11 B 3
Colonus demos Athen. 23 A
Colophon op. Ion. 12 F 3
Colossae op. Phryg. 7 B 4
Colossus Herculis Rom. 23 rg. IV
Columbarium pr. Sard. ins. 14 ④
Columna Antonini Pii Rom. 23 rg. IX
Columna M. Aurelii Rom. 23 rg. IX
Columna Traiana Rom. 23 rg. VIII ⑥ 2
Columnae Herculis Afr. Hisp. 4 A 2
Comana Cappadociae op. Cappad. 7 F 9
Comana Pontica op. Pont. 7 F 2
Comaria op. et pr. Ind. 9 C 9
Combe op. Lyc. 7 ⑤
Combretonium op. Brit. 20 G 4
Comedae pop. Scyth. 9 H 2
Cominium op. Lat. 15 B 9
Comisene rg. Med. 8 D/E 3
Comitium Rom. 23 rg. VIII ⑥
Commagenae op. Noric. 21 G 4
Commagene rg. Syr. 7 F/G 4
Complutum op. Hisp. Terr. 17 D 2
Compsa op. Samn. 15 D 9
Compulteria op. Samn. 15 C 2
Comum op. Galli transp. 13 B 1
Concordia op. Venet. 13 D 2
Condate Aeduorum op. Gall. Lugd. 19 E 3
Condate Redonum op. Gall. Lugd. 19 C 2
Condate Santonum op. Gall. Aquit. 19 C 4
Condate Senonum op. Gall. Lugd. 19 E 2
Condivincum op. Gall. Lugd. 19 C 3
Condrusi pop. Gall. Belg. 19 F 1
Confluentes op. Germ. Inf. 19 G 1, 21 B 3
Congavata op. Brit. 20 E 3
Congustus op. Lyca. 7 D 3
Conimbriga op. Hisp. Lus. 17 A 2
Conope op. Aetol. 11 B 1
Conopeum op. Paphl. 7 F 2
Conovium op. Brit. 20 E 4
Consabura op. Hisp. Carth. 17 D 3
Consentia op. Brutt. 14 C 3
Consilinum op. Lucan. 14 B 2
Constantia op. Raet. 21 C 5
Contestani pop. Hisp. Carth. 17 E 3/4
Contrebia op. Hisp. Terr. 17 E 2
Copae op. Boeot. 11 D 1
Copais lac. Boeot. 11 C/D 1
Cophanta op. Gedros. 8 F 4
Cophen fl. Ind. 9 G/H 3; 9 A/B 1
Copiae s. Thurii op. Brutt. 14 C 3
Copratas fl. Susian. 8 C 3
Coptos [KEFT]! op. Aegypt. 3 C 3
Cora op. Lat. 15 A 2
Coracesium op. Cilic. 7 D 4
Corassiae ins. Ion. 12 E 4
Coraxus m. Aetol. 11 C 1
Corconti pop. Germ. 21 F 3
Corcyra ins. et op. Epir. 10 A 4
Corduba op. Hisp. Baet. 17 C 4
Corduene rg. Armen. 10 M 4
Corfinium op. Paelig. 15 B 1
Coria op. Brit. 20 E 3
Coriallum op. Gall. Lugd. 19 C 2
Corinthiacus sin. Hellad. 11 C 1
Corinthus op. Argol. 11 C 2
Coriondi pop. Ivern. 20 B/C 4
Coritavi pop. Brit. 20 F 4
Cormasa op. Pisid. 7 C 4, 7 ⑥
Cornabii pop. Brit. 20 E 1
Cornacum op. Pann. 10 A 1
Cornavii pop. Brit. 20 E 4
Cornus op. Sard. ins. 14 ⑥
Coroc op. Drang. 9 F 3
Corodamum pr. Arab. 5 E 5
Coromania op. Arab. 10 N 6
Corone op. Messen. 11 B 3
Coronea op. Boeot. 11 C 1
Coronus m. Med. 8 D 2
Coropassus op. Cappad. 7 D 3
Corpili pop. Thrac. 10 D 3
Corsi pop. Sard. ins. 14 ⑤
Corsica ins. Ital. 13 B 3/4
Corsote op. Mesopot. 7 H 5
Cortona op. Etrur. 13 C 3
Corticata op. Hisp. Terr. 17 F 2
Cortoriacum op. Gall. Belg. 19 D 1
Corus fl. Carman. 8 E 4
Corycium pr. Ion. 12 E 3
Corycus op. Cilic. 7 E 4
Corydalla s. Corydallus op. Lyc. 7 ⑥
Cos ins. et op. Dor. As. 12 F 5
Cosa op. Gall. Aquit. 19 D 4

D.

E.

H.

I.

Lectum pr. Troad. 13 E 2
Legae pop. Caucas. 8 C 1, 16 N 2
Legedia op. Gall. Lugd. 19 C 2
Legio VII Gemina op. Hisp. Gallaec. 17 C 1
Lehabim = Libyeae pop. Lib. 8 C 4
Lela ins. Cyclad. 12 D 3
Lelantius camp. Euboea ins. 11 D 1
Lelantus fl. Euboe. ins. 11 D 1
Lemannonius sin. Brit. 20 D 4
Lemannus lac. Gall. Helvet. 19 G 3
Lemanus portus Brit. 20 G 5
Lemnis op. Maurit. 13 B 1
Lemnus ins. Graec. 12 D 2
Lemovii pop. Germ. 21 G/H 1
Lemovices pop. Gall. Celt. 19 D/E 4
Lenaeum templ. Athen. 23 C
Lentia op. Noric. 21 F 4
Leon vicus p. Syracus. 24 (d)
Leonidaeum Olymp. 24 (f) 11
Leontes s. Lita fl. Coelesyr. 4 C 2
Leontina via Syracus. 24 (f)
Leontini op. Sicil. ins. 9 (e); 14 B 4
Leontium op. Achaiae 11 B 1
Leontopolis op. Aegypt. 8 (b)
Lepontii pop. Raet. Alp. 13 B 1
Lepreum op. Elid. 11 B 2
Lepsia ins. Ion. 12 E 4
Lepte s. Syrias pr. Paphl. 7 H 1
Leptiminus (Leptis minor) op. Afr. 13 E 1
Leptis maior op. Afr. 6 E 4, 13 E 6
Lerna op. Argol. 11 C 2
Lero ins. Gall. Narb. 13 A 3
Lerus ins. Ion. 12 E 4
Lesa op. Sard. ins. 14 (c)
Lesbus ins. Aeol. 12 D/E 2
Lesyra op. Hisp. Carth. 17 E 2
Lasyrus fl. Hisp. Carth. 17 E 2/3
Lete op. Maced. 10 C 3
Letoa ins. p. Cret. 12 C 6
Letopolis op. Aegypt. 8 C 1; 8 (b)
Letrini op. Elid. 11 B 2

Leuca m. Cret. ins. 12 B/C 6
Leuca op. Calabr. 14 D 3
Leucae ins. p. Cret. 12 E 6
Leucae op. Ion. 12 E 3
Leucarum op. Brit. 20 D/E 5
Leucas ins. et op. Graec. 11 A 1
Leucatas pr. ins. Leucad. 11 A 1
Leucate pr. Bithyn. 12 H 1
Leucate op. Gall. Narb. 19 E 5
Leuci pop. Gall. Belg. 19 F/G 2
Leucopetra pr. Brutt. 14 E 4
Leucosia ins. Lucan. 5 (e)
Leucos limen s. Albus portus Aegypt. 3 D 2
Leucosyri pop. Cappad. 8 A 1
Leuctra op. Boeot. 11 D 1
Leuctrum op. Arcad. 11 C 2
Levaci pop. Gall. Belg. 19 F 1
Levi pop. Gall. transp. 13 B 2
Lexovii pop. Gall. Lugd. 19 C 2
Libanus m. Phoen. 4 C 2
Libia op. Hisp. Terr. 17 D 1
Libici pop. Gall. transp. 13 B 2
Libisosa op. Hisp. Carth. 17 D 3
Libnius fl. Ivern. 20 C 4
Libarna op. Ligur. 13 B 2
Libya rg. Afr. 8 C/D 4/7; 8 G/H 4/5
Libya interior rg. Afr. 1 (c) E/F 4/6
Libye ins. Aeth. inter. 1 (d) A 3
Libyca deserta 8 C/D 6/7, 18 H 3/4
Libycus nomos 8 A/B 1
Libyca palus Numid. 18 D 2
Libyssa op. Bithyn. 18 H 1
Liciniana op. Hisp. Lus. 17 C 2
Licus fl. Noric. 21 E 5
Licus fl. Raet. 21 D 4/5
Licymna s. summa arx Tiryntis 24 (f) A
Lida m. Car. 12 G 4
Liger fl. Gall. 19 C/E 3
Ligures pop. Europ. 8 D 1
Ligures Baebiani op. Samn. 15 C 2
Ligures Corneliani op. Samn. 15 C 2

Liguria rg. Gall. Ital. 13 A/B 2
Ligusticus sin. Ital. 13 B 2/3
Lilaea op. Phoc. 11 C 1
Lilybaeum op. et pr. Sicil. ins. 14 A 4
Limes imperii Romani Germ. 19 (e), 21 C/D 3/4
Limia fl. Hisp. Gallaec. 17 A 2
Limnae rg. Athen. 23 D
Limnaea op. Acarn. 11 B 1
Limnaeus portus Alexandr. Aegypt. 24 (c)
Limnus ins. Ivern. 20 C 4
Limonum op. Gall. Celt. 19 D 3
Limyra op. Lyc. 7 (d)
Limyrice rg. Ind. 9 C 6
Limyrus fl. Lyc. 7 (d)
Lindum op. Caledon. Brit. 20 E 2
Lindum op. Coritavorum Brit. 20 F 4
Lindus op. Rhod. ins. 12 G 2
Lingones pop. Gall. cisp. 13 C/D 2
Lingones pop. Gall. Belg. 19 F 3
Lipara ins. et op. Sicil. 14 B 3
Liparaeae s. Vulcaniae s. Aeoliae ins. Ital. 14 B 3
Liquentia fl. Venet. 13 D 1/2
Liris fl. Lat. 15 B 2
Lisae op. Thrac. 10 C 3
Lisara pr. Cret. ins. 12 C 6
Lissus op. Cret. ins. 12 B 6
Lissus op. Illyr. 10 A 2
Lista op. Aeq. 15 B 1
Lita fl. Phoen. 4 C 2
Literna pal. Camp. 15 C 2
Liternum op. Camp. 15 C 3
Livias op. Palaest. 4 C 4
Lixus op. Mauret. 18 A 1
Lobetani pop. Hisp. Carth. 17 E 2
Locharna op. Ind. 9 A 1
Lochias pr. Alexandriae Aegypt. 24 (c)
Locoritum op. Germ. 21 C 3
Locri op. Afr. 18 E 3
Locri Epizephyrii op. Brutt. 4 (e), 14 C 3
Locris Epicnemidia rg. Hellad. 11 C 1
Locris Opuntia rg. Hellad. 11 D 1
Locris Ozolis s. Locris Hesperia rg. Hellad. 11 B/C 1
Logi pop. Brit. 20 D/E 1

M.

O.

S.

Tauri pop. Sarm. As. 6 E 1/4
Tauriana op. Maced. 10 C 3
Taurianum pr. Brutt. 14 C 6
Taurini pop. Ligur. 13 A/B 2
Taurisci pop. Noric. 31 E F 5
Tauroentum op. Gall. Narb. 19 F 5
Tauromenium op. Sicil. ins. 5 ⑥, 14 D 4
Taurunum op. Pann. 30 B 1
Taurus m. Cilic. 7 C/E 4
Tava aest. Brit. 20 B 2
Tavium op. Galat. 7 E 3
Tasaciora op. Mauret. 36 B 2
Taxila op. Ind. 6 B 1
Taygetus m. Lacon. 11 C 2/3
Teanum Apulum op. Ital. 14 D 2
Teanum Sidicinum op. Camp. 15 C 2
Teate op. Marrucin. 15 C 1
Tectosages pop. Galat. As. 7 D 2/3
Tectosages Volcae pop. Gall. Narb. 18 D/E 5
Tegea op. Arcad. 11 C 2
ad Teglanum op. Camp. 15 C 3
Tele s. Antoninopolis op. Mesopot. 7 G 4
Telamon op. Etrur. 13 C 3
Telesia op. Samn. 15 C 2
Telis fl. Gall. Narb. 18 E 5
Telmissus op. Lyc. 7 ⑧
Telo Martius s. Telonium op. Narb. Rom. 18 F 5
Telos ins. et op. Dor. As. 12 F 5
Temala op. Ind. 6 F 4
Temalas fl. Ind. 6 F 3/4
Temenites pars Syracus. 24 ⑨
Temenium op. Argol. 11 C 2
Temenothyrae op. Lyd. 12 G 3
Temnus op. Aeol. 12 F 3
Temnus m. Mys. 12 G 2
Tempe vallis Thess. 11 A 3
Templum Aesculapii ins. Tiberinae Rom. 23 rg. IX
Templum Aphrodites Athen. 22 A
Templum Apollinis Patroi 22 C
Templum Artemidis Agroterae Athen. 22 D
Templum Bellonae Rom. 23 rg. IX 15
Templum Bonae Deae Rom. 23 rg. XII
Templum Carmentis Rom. 23 rg. VIII ⑧
Templum Castoris et Pollucis Rom. 23 rg. VIII ⑦ 25
Templum Cereris Athen. 22 D
Templum Cereris Rom. 23 rg. XI
Templum Codri Athen. 22 D
Templum Concordiae Rom. 23 rg. VIII ⑧ 13
Templum Dianae Rom. 23 rg. XIII
Templum D. Augusti Rom. 23 rg. X ④ 31
Templum D. Claudii Rom. 23 rg. II
Templum D. Hadriani Rom. 23 rg. IX
Templum D. Iulii Rom. 23 rg. VIII ⑦ 23
Templum D. Romuli Rom. 23 rg. IV ④ 24
Templum D. Sanci (D. Fidii) Rom. 23 rg. VI
Templum D. Traiani Rom. 23 rg. VIII ④
Templum Faustinae Rom. 23 rg. IV ④ 23
Templum Faustinae Rom. 23 rg. VIII ⑧ 21
Templum Florae Rom. 23 rg. VII
Templum Fortis Fortunae Rom. 23 rg. XIV
Templum Fortunae Rom. 23 rg. XI ⑤
Templum Gentis Flaviae Rom. 23 rg. VI
Templum Herculis Rom. 23 rg. XI 25
Templum Herculis Custodis Rom. 23 rg. IX 16
Templum Hephaesti Athen. 22 C
Templum Iovis Capitol. Rom. 23 rg. VIII 4 et ⑦
Templum Iovis Dolicheni Rom. 23 rg. XIII
Templum Iovis Statoris Rom. 23 rg. X ④
Templum Isidis et Serapidis Rom. 23 rg. III
Templum Isidis et Serapidis Rom. 23 rg. IX
Templum Iunonis Lucinae Rom. 23 rg. IV
Templum Iunonis Monetae Rom. 23 rg. VIII 4 et ⑦
Templum Lunae Rom. 23 rg. XIII
Templum Martis Rom. 23 p rg. I
Templum Martis Rom. 23 rg. I
Templum Martis Ultoris Rom. 23 rg. VIII ⑦
Templum Mercurii Rom. 23 rg. XI
Templum Minervae Rom. 23 rg. VIII 12 et ⑦
Templum Minervae Captae Rom. 23 rg. II
Templum Minervae Chalc. Rom. 23 rg. IX
Templum Minervae Medicae Rom. 23 rg. III
Templum Pacis Rom. 23 rg. IV ④
Templum Portuni Rom. 23 rg. XI 24 et ④
Templum Quirini Rom. 23 rg. VI
Templum Salutis Rom. 23 rg. VI
Templum Saturni Rom. 23 VIII ④ 27
Templum Solis Rom. 23 rg. VII
Templum Solis Rom. 23 rg. XI
Templum Spei veteris Rom. 23 rg. V
Templum Telluris Rom. 23 rg. IV
Templum Veiovis Rom. 23 rg. VIII ④
Templum Veneris et Romae Rom. 23 rg. IV 5
Templum Veneris Genetricis Rom. 23 rg. VIII ⑦ 6
Templum Vestae Rom. 23 rg. VIII ④ 30
Templum Vestae Rom. 23 rg. XI 25
Tempsa op. Brutt. 14 C 5
Tencteri pop. Germ. 20 B/C 3
Tenedus ins. et op. Troad. 12 B 2
Tenerius camp. Boeot. 11 D 1
Tentyris [TANTORER] op. Aegypt. 5 C 4
Tenus ins. Cyclad. 12 D 4
Teos op. Ion. 12 E 5
Teredon op. Babyl. 6 C 4
Terenuthis op. Aegypt. 3 C 1, 3 ⑦
Tergeste op. Histr. 13 D 2
Tergolape op. Noric. 21 E 4
Terina op. Brutt. 5 ⑥; 14 C 3
Terinaeus s. Neptunius sin. Brutt. 14 C 4
Termera op. Car. 12 F 4
Termes op. Hisp. Terr. 17 D 2

V.

X.

Z.

Nomina Tabulae Peutingerianae.

(Tab. 2.)

A.

S.

T.

U.

V.

Y.

Z.

ORBIS TERRARUM

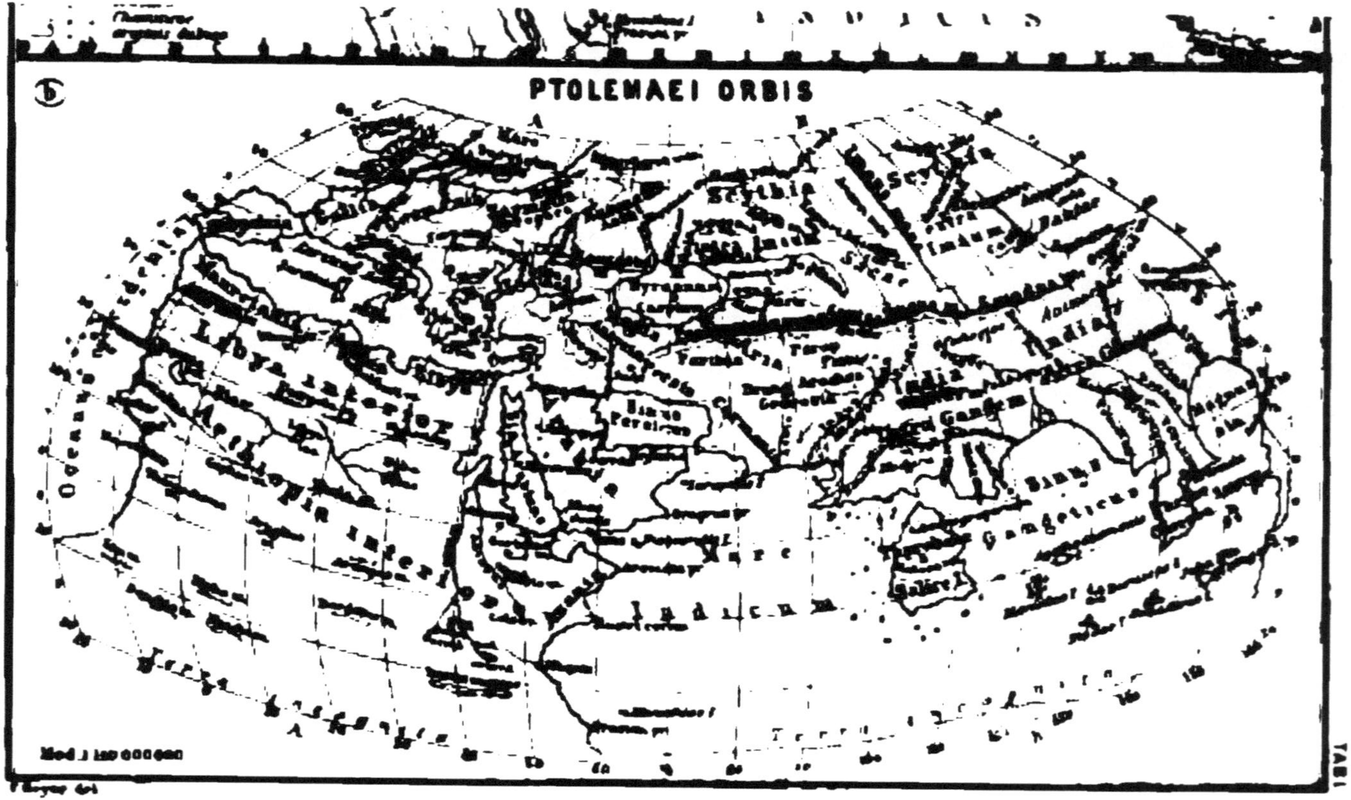

GOTHA JUSTUS PERTHES

TAB I

TABULA PE[illegible]

Tabula nostra, quae nunc Vindobonae in bibliotheca Imperatoria asservatur, [illegible] [illegible] [illegible] est Segmentorum XII primum non tam aetate [illegible] singula [illegible] quae in hac effigie [illegible] [illegible], locorum in ipsa tabula [illegible] signis [illegible] mensuris singula oppida conjuncta sunt. Dubium non est, quin Tab. Peut. [illegible]

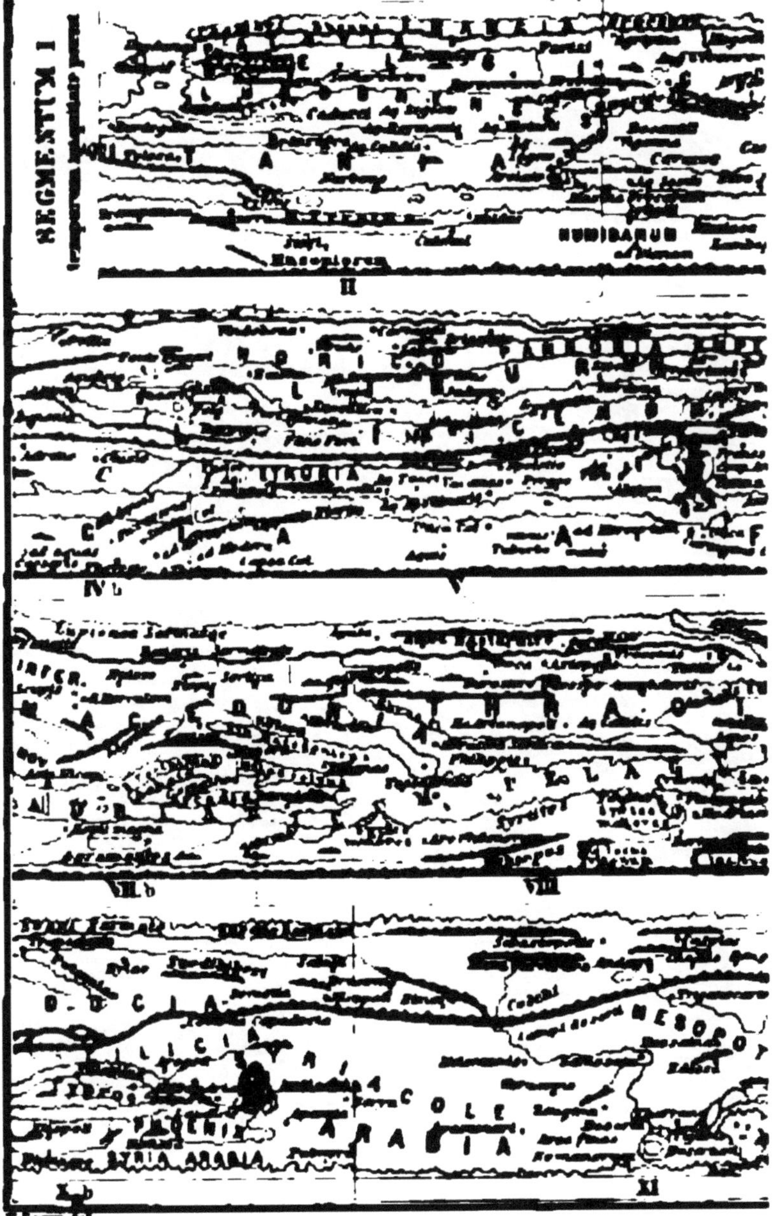

[illegible] a Conrado Celtes [illegible], tum Peutingero (Aug. Vindel.) [illegible] longa [illegible]. Tota tabula [illegible] longa est. Praeter [illegible] alia vis adscripta sunt, quibus, additis intervallorum [illegible] quaedam [illegible] descripta.

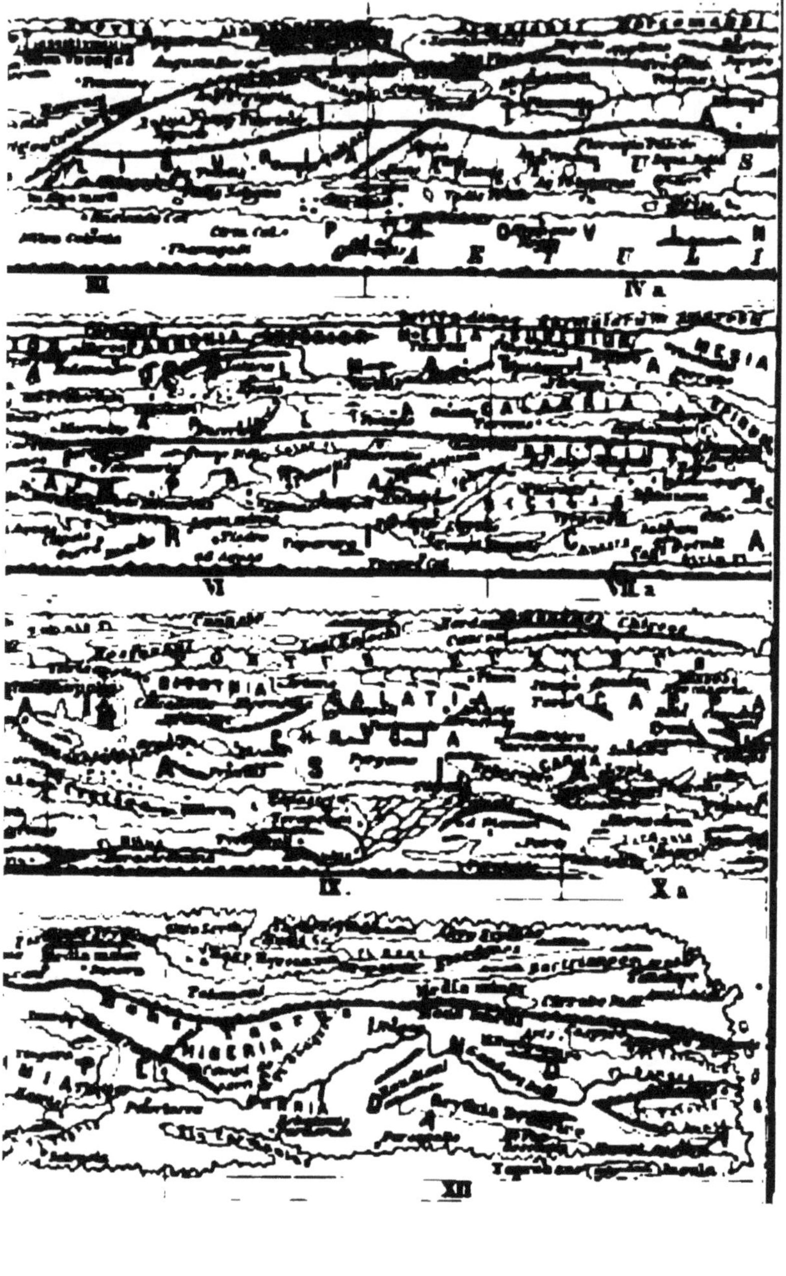

ATLAS ANTIQUUS

AEGYPTUS

TAB 3

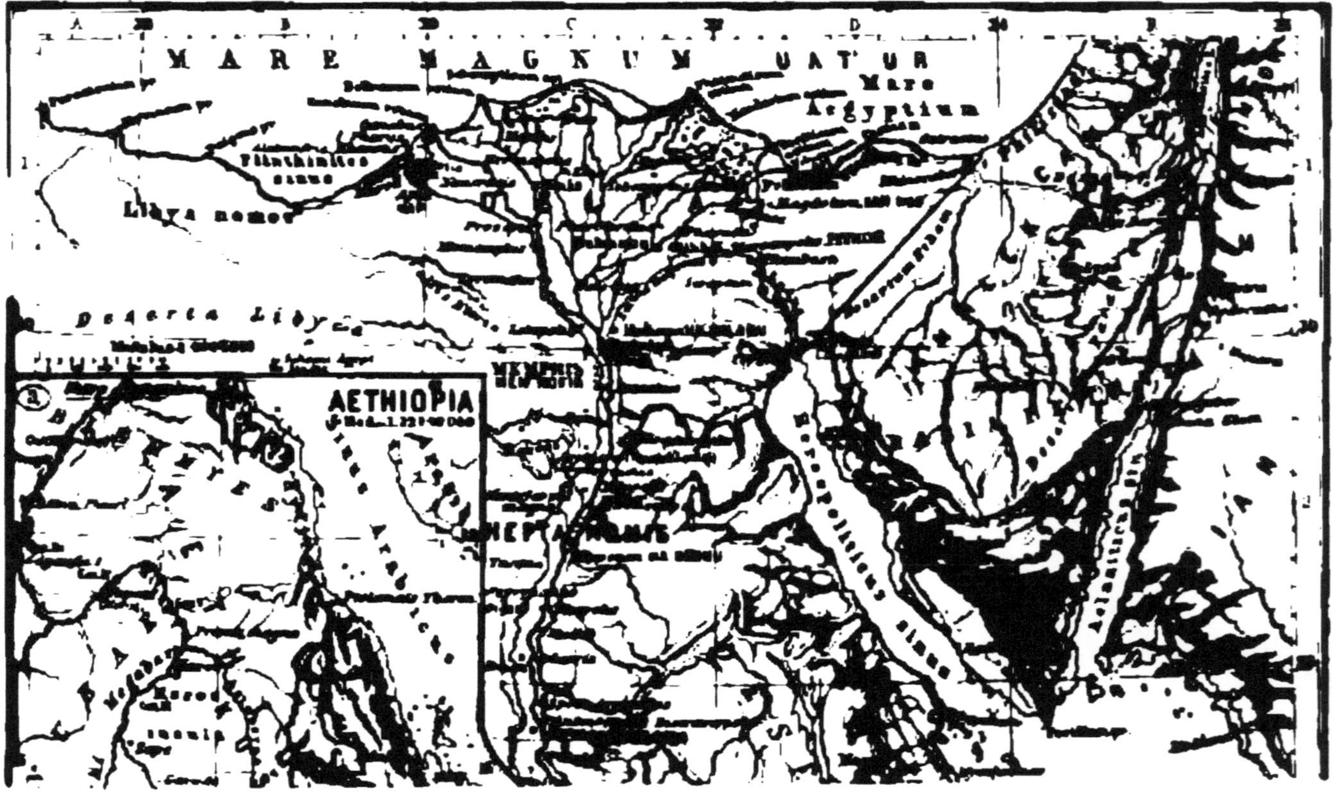

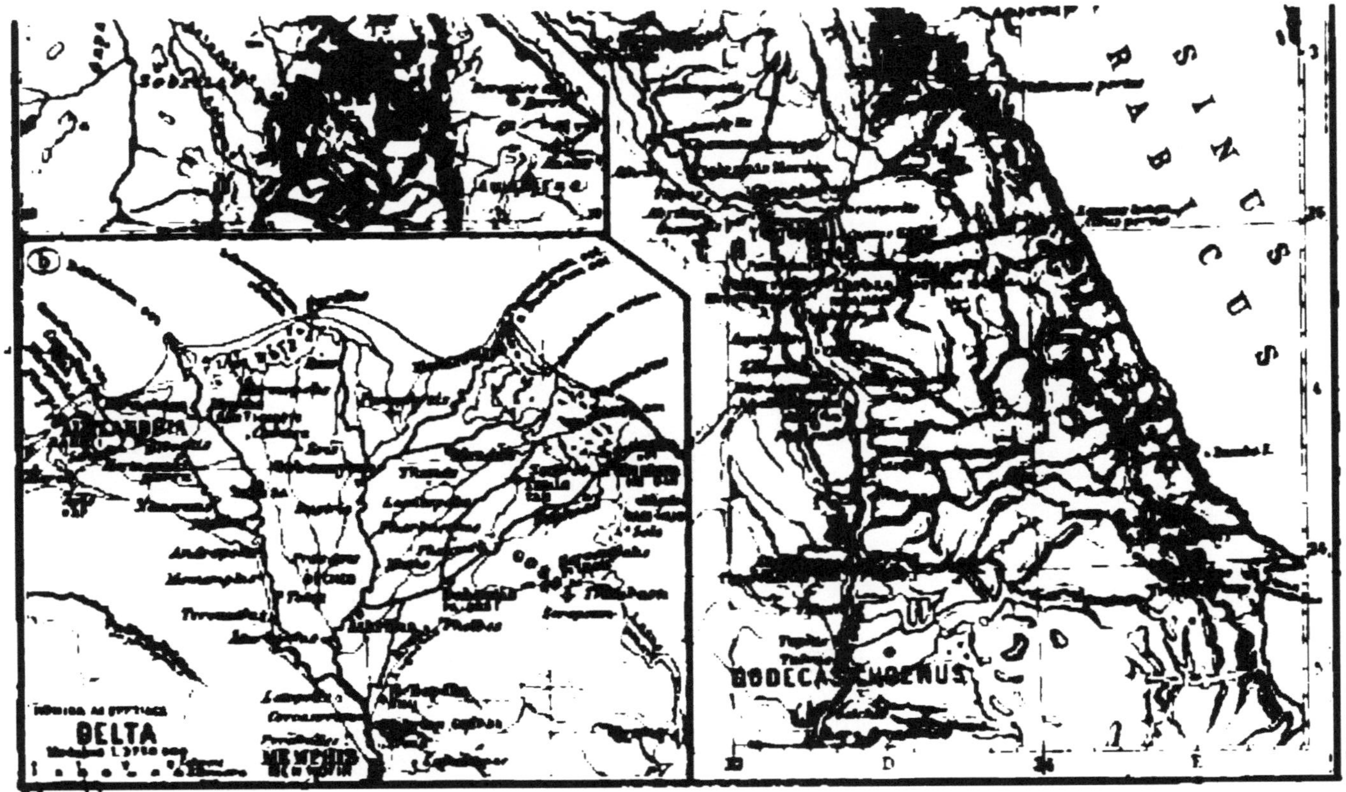

GOTHA · JUSTUS PERTHES

ATLAS ANTIQUUS

PALAESTINA

TAB 4

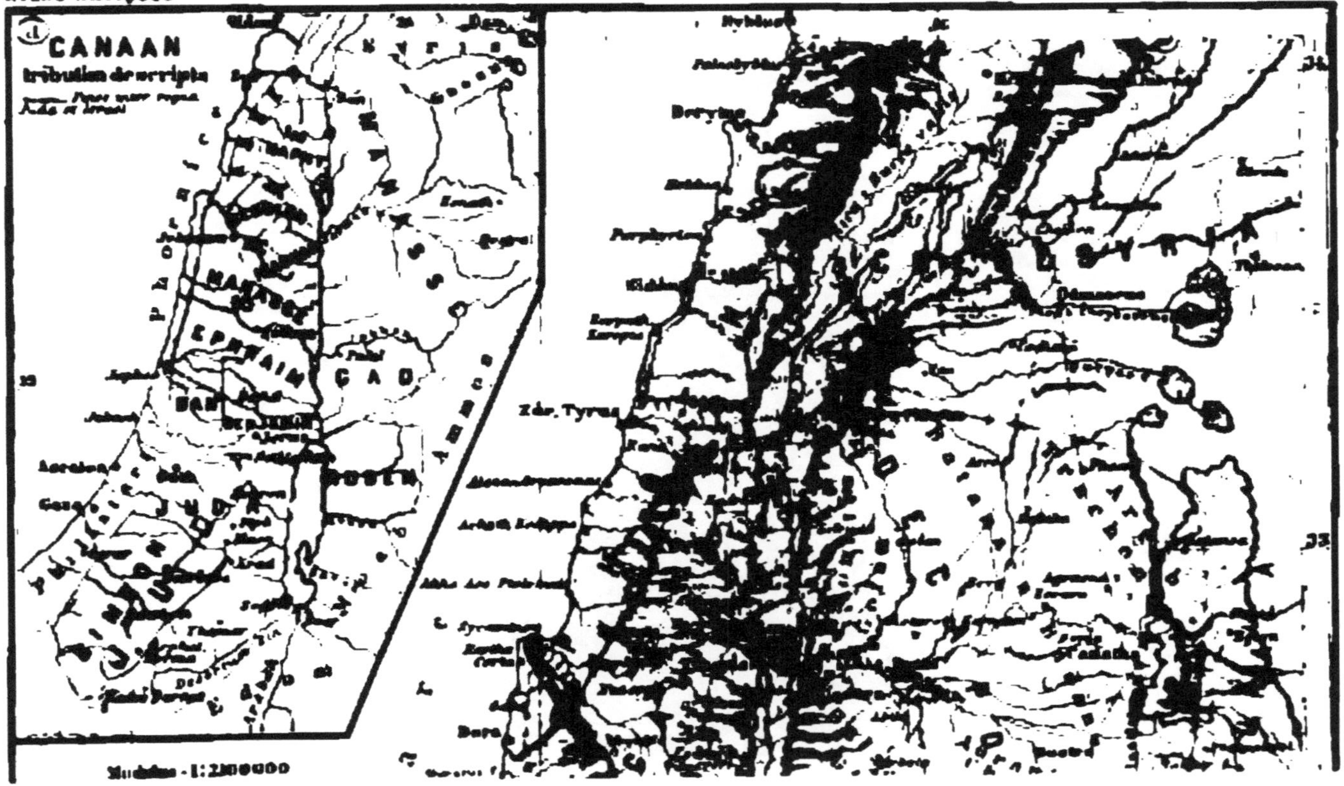

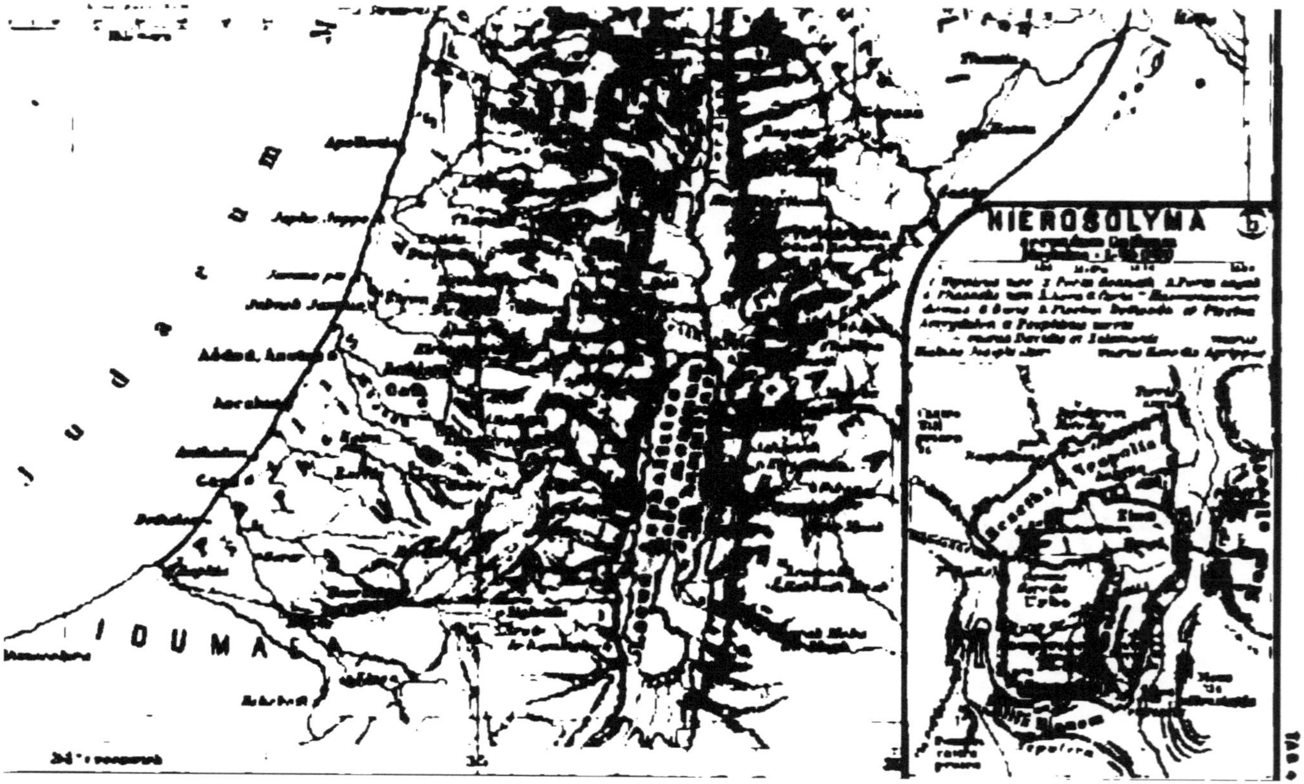
HIEROSOLYMA

Massagetae
Chorasmia
SOGDIANA
BACTRIANA
ARIA
REGNUM
PARAPANISADAE
ARACHOSIA
CARMANIA
GEDROSIA
Mare
Erythraeum
ABIA FELIX
Pactyes

REGNA ANTIQU

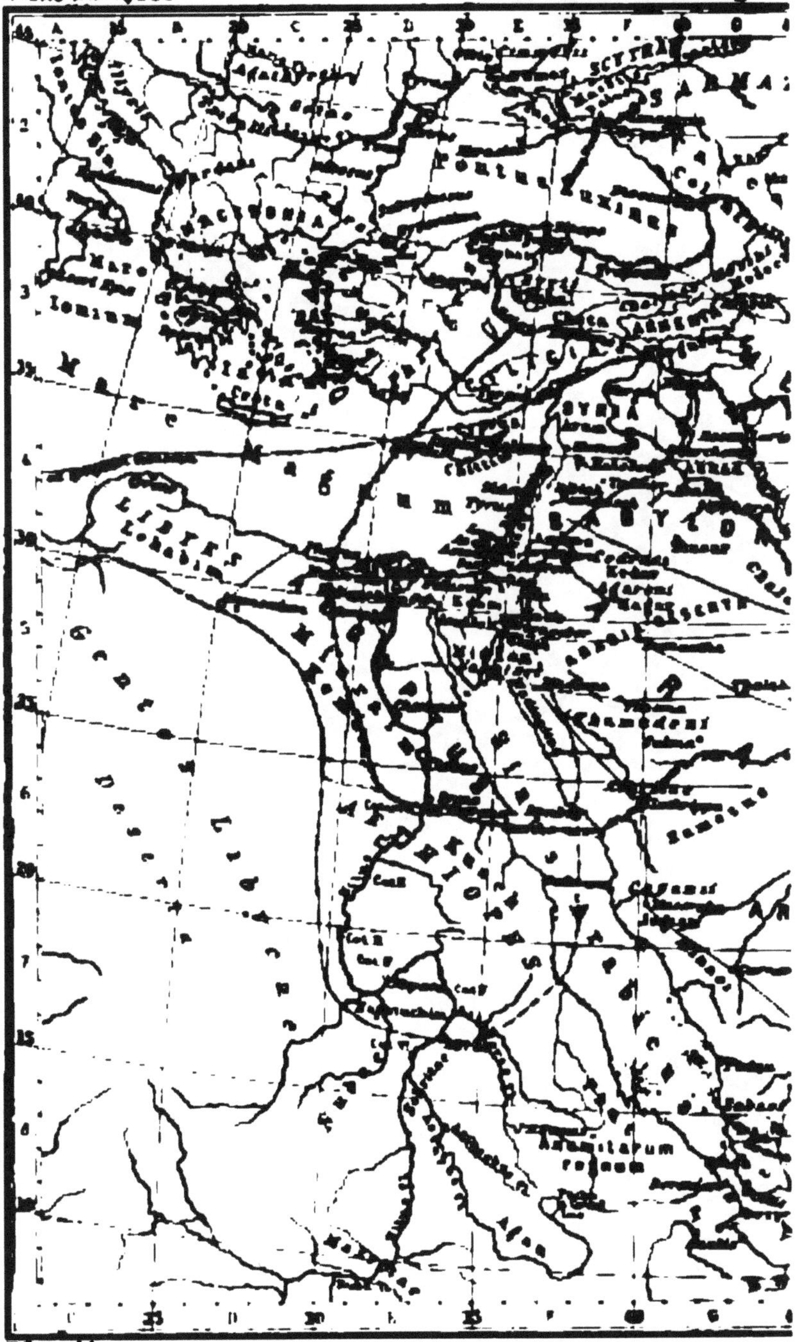

V Geyer del

Massagetae
Sacae
Chorasmii
Derbices
Hyrcanum
Caspium
BACTRIANA
MARGIANA
ARIA
REGNUM
PARAPANISADAE
ARACHOSIA
CARMANIA
PERSIS
GEDROSIA
Mare
Erythraeum
ARABIA FELIX
Deserta
Aegyptiorum regnum
Assyriae regnum
Babyloniae s. Chaldaeorum regnum
Medorum regnum
Lydorum regnum
Graecia
Coloniae Graecae
Phoenicum coloniae

MARE
GAETULI
MARE
TYRRHENUM
Sinus
Tarentinus
MARE
IONIUM
SICILIA
MAGNA GRAECIA
CUM SICILIA

SCYTHAE
Pontus Euxinus
ASIA
SYRIA
Cyprus
NUM
Libyca
Olympus m.
Salamis
Pedalium pr.
CYPRUS

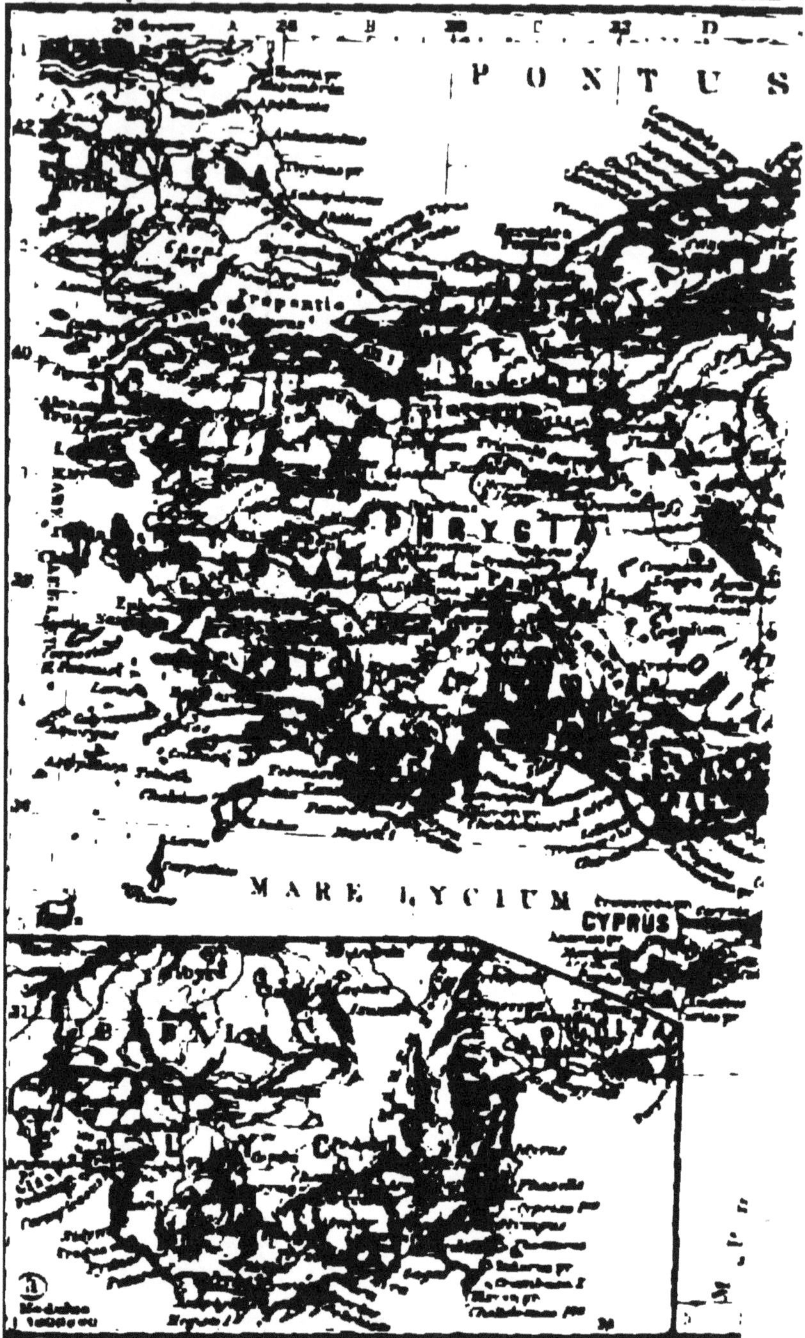

Meyer del.

GOTHA JUS

S PERTHES

PONTUS EUXINUS
MARE CASPIUM
MARE HYRCANUM
Cedraei
MARE INTERNUM
Cyprus
LIBYA

TAB II

ATLAS ANTIQUUS

INDIA

TAB 9

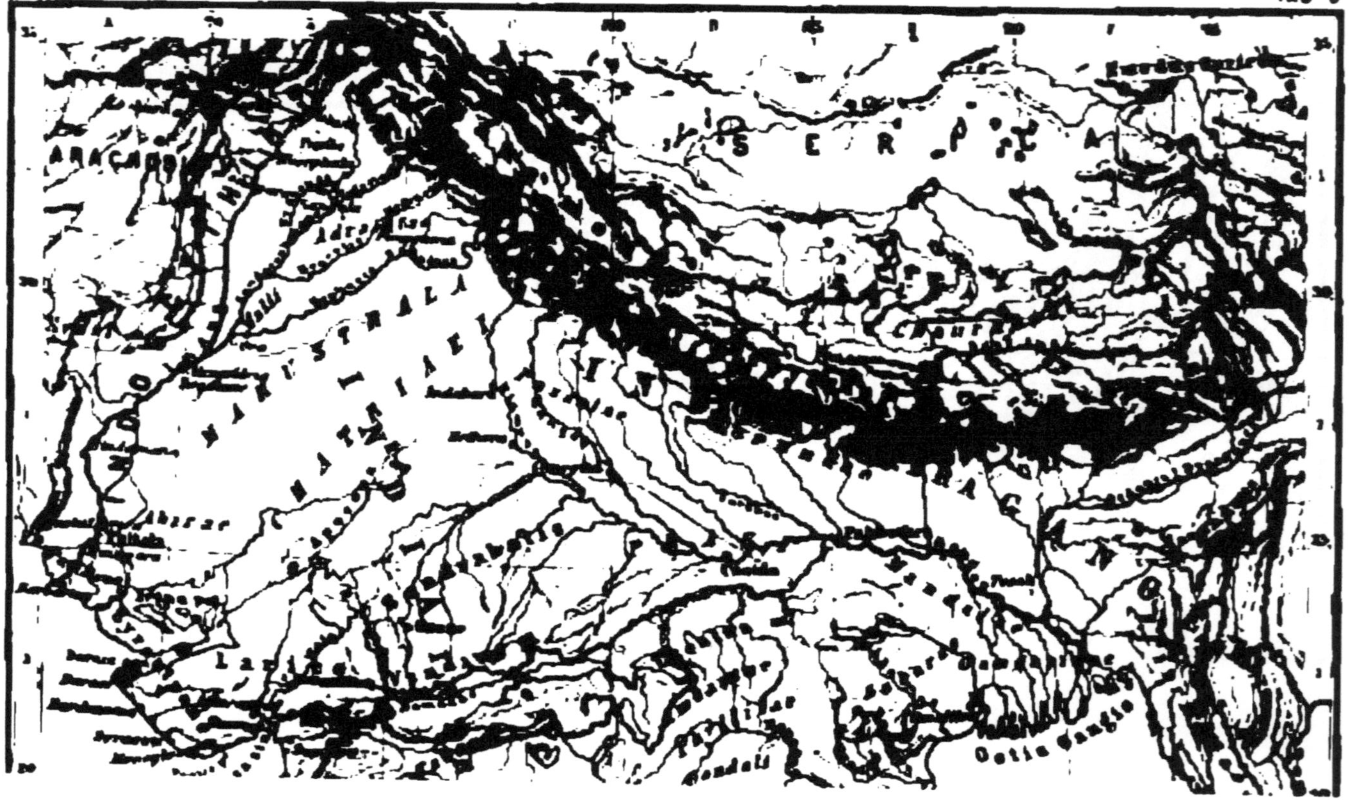

GOTHA: JUSTUS PERTHES

TERRAE

GOTHA: JUS

PONTUS EUXINUS
PROPONTIS

GOTHA: JUS

M A R E
Sinus
Saronicus
Hydrea
Cythnus
Sinus
Laconicus
Cythera

INSULAE MARIS AEGAEI

TAB 12

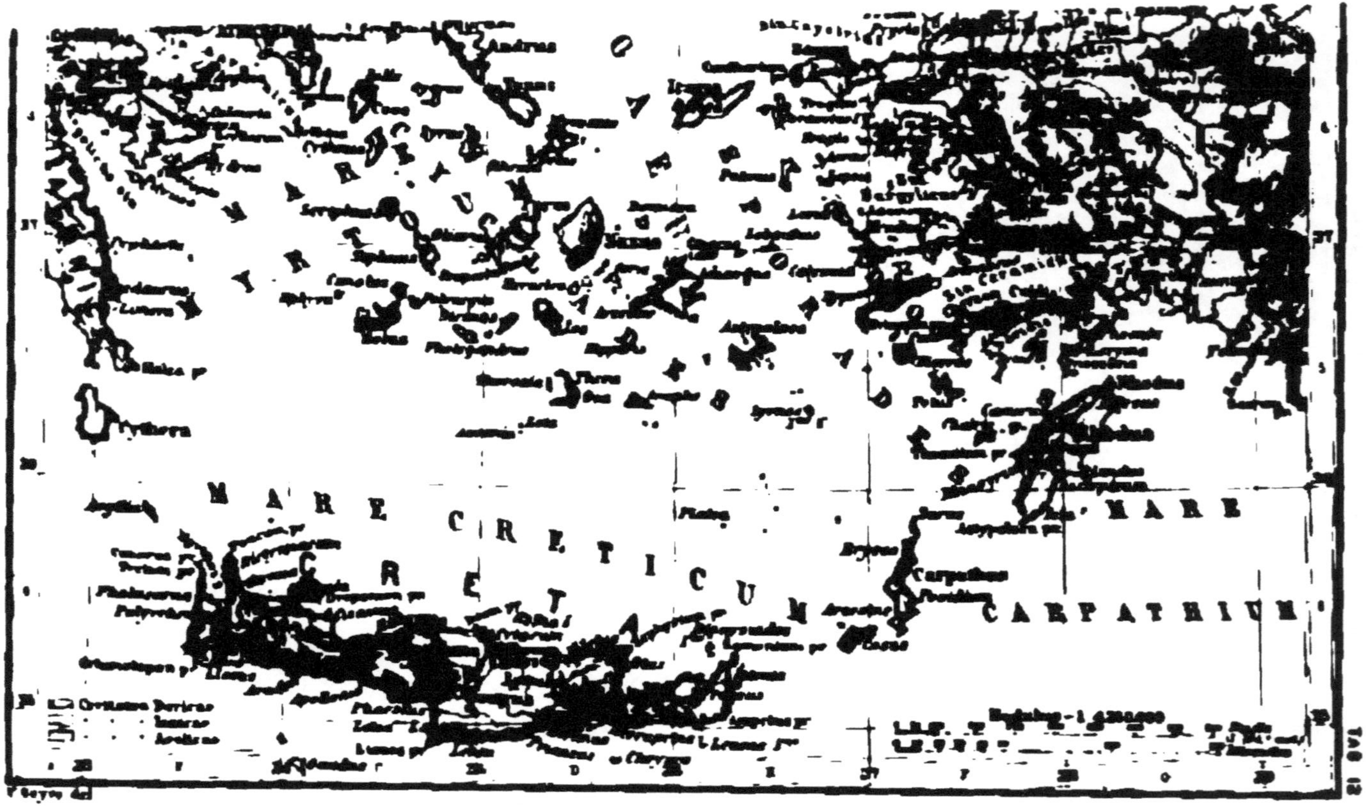

GOTHA: JUSTUS PERTHES

Ligusticus sinus
SARDOUM
MARE

MARE ADRIATICUM
R E N U M

ATLAS ANTIQUUS

ITALIA INFERIOR

TAB 14

GOTHA: JUSTUS PERTHES

ROMA
MARE TYRRHENUM s. INFERU
Circeii
Tarracina

MARE HADRIATICUM
S. SUPERUM
Capua
Sinus Paestanus

Mare
Gallicum
LIMES secund Cohausen

SCYTHIA
PONTUS EUXINUS
ASIA
SYRIA
AETHIOPIA

MARE CANTAB
Gades
Fretum Gaditanum

AQUITANIA
MARE BALEARICUM
BALEARES IAE
MARE
IBERICUM

AFRICA SEPT

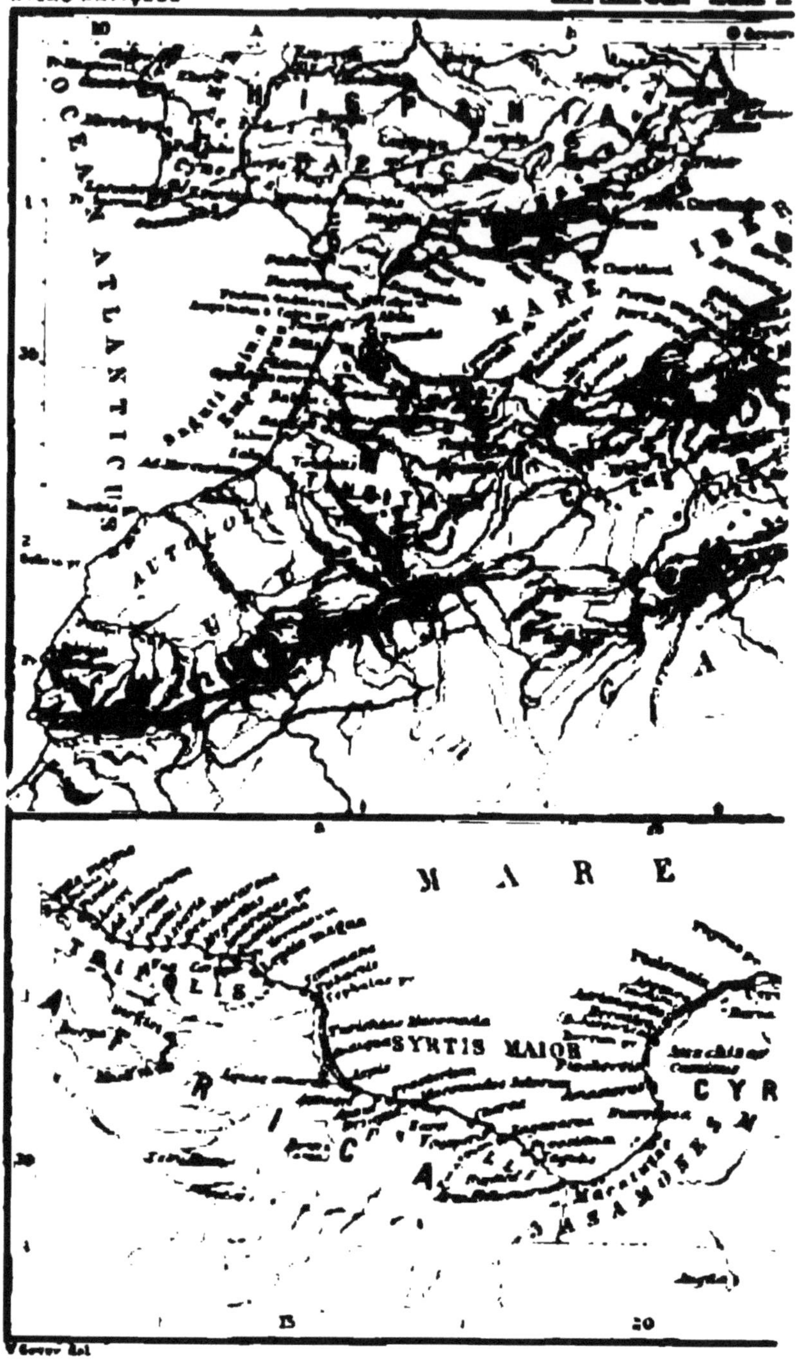

V Gever del.

CS PERTHES

Geyer del.

GOTHA · JUST

S PERTHES

BRITANNIA

Oceanus Hyperboreus s. Cronius s Mortuus
Mare Pigrum
OCEANUS DEUCALEDONIUS
OCEANUS GERMANI

GOTHA JUSTUS PERTHES

V Geyer del.

GOTHA : JUS

MARE SUEBICUM
Burgundiones

Academia
Laciadae
Ceramicus
exterior
Coriadae
Colonus

REGIONES AUGUSTI
I Porta Capena
Campus Vaticanus
Horti Domitiae
IX Circus Flaminius
X Palatium
XII Piscina Publica
XIII Aventinus
XIV Trans Tiberim
Ara
XIV
XIII
FORA IMPERATORIA

'S PERTHES

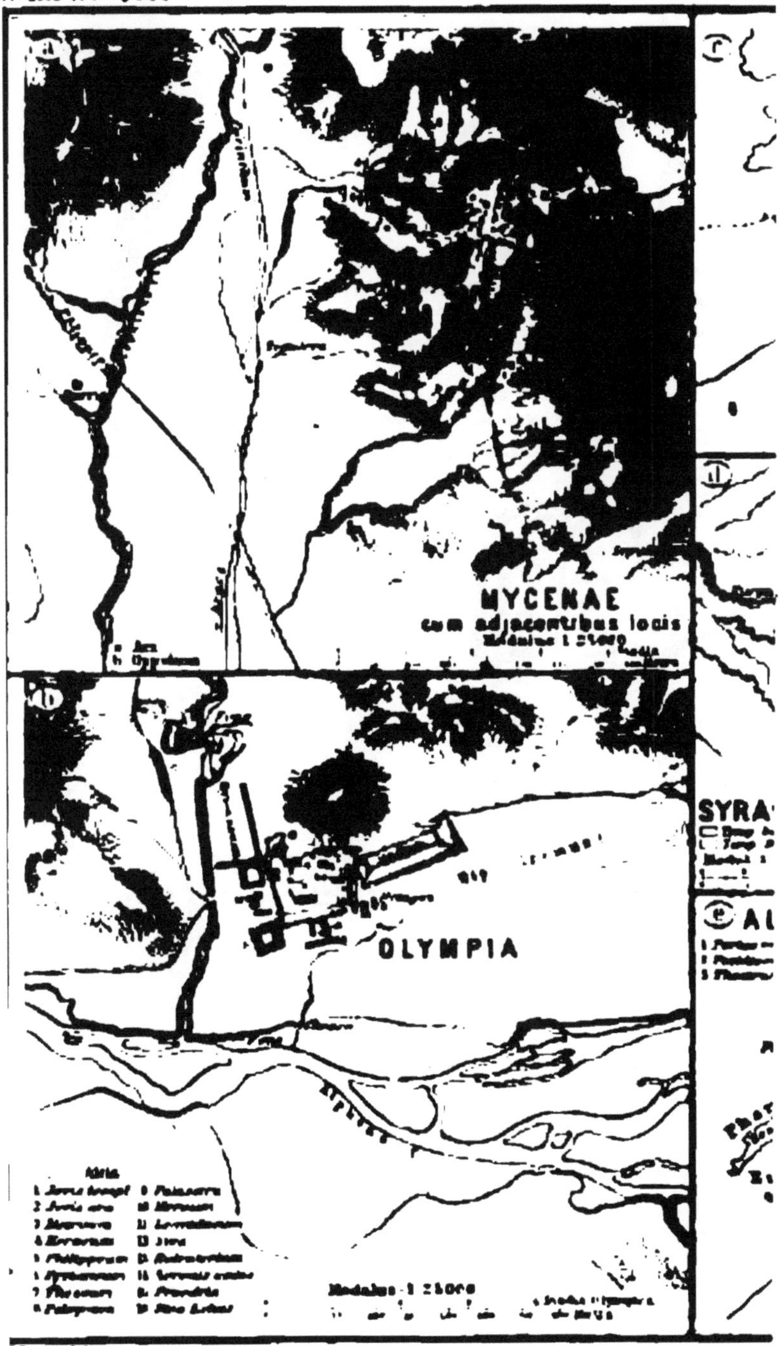
MYCENAE
cum adjacentibus locis
OLYMPIA
SYRA
Modulus 1:25000

CARTHAGO
Megara
Magalia
Neapolis
Tuneticum
Stagnum
TIRYNS
TROIA
Tyche
Neapolis
USAE
EXANDRIA
Portus
Mareotis lacus
PERGAMUM